DISCOURS

PRONONCÉ AU MARIAGE

DE

MONSIEUR LE MARQUIS DE RIENCOURT

ET DE

MADEMOISELLE ANNE DU PLESSIS

PAR SA GRANDEUR

MONSEIGNEUR R. DE COURMONT

ÉVÊQUE DE BODONA

LE LUNDI 15 JANVIER 1912

Ma Chère Enfant,

Monsieur,

Plus que le Dieu d'Israel qui s'approchait si près de son peuple, le Dieu de votre baptême qui n'est pas différent, mais qui s'étant fait homme s'est rendu en quelque sorte plus humain, notre Christ adoré et aimé, le voici avec nous pour sanctionner, bénir, et consacrer votre union.

Cette union, par les liens du mariage, ce ne sera pas seulement ce que le droit romain désigne sous cette formule brève et sèche, *« consortium omnis vitæ »*, l'assortiment de deux existences en une même vie. Il y aura plus que le contrat de nature ; plus que ce lien de perpétuel union essentiel à tout mariage. Il y aura autre chose encore que les devoirs qui s'y imposent, laissant l'homme en face d'obligations redoutables, sans autre secours qu'un sentiment qui s'éteint, une volonté bientôt fléchissante, alors que la conscience faiblit, s'oblitère et finit souvent par trahir. Il y aura ce que l'Église nomme une grâce sacramentelle.

Et en effet, Jésus-Christ intervient dans l'union de ses baptisés. Il daigne y attacher un Sacrement. Prenant ce contrat naturel, il le ratifie et l'élève à la dignité des choses divines. Il envisage ces mutuels devoirs que s'imposent les époux, que lui-même leur assigne, et, marquant à ces obligations une fin toute céleste, il les fait aimer. Il s'adresse aux facultés de l'âme et va déposer en elles ce germe d'unité, que fécondera sans doute l'union des corps, mais que ceux-ci ne sauraient d'eux-mêmes poser et maintenir.

Oh! certes, ce n'est pas une platonique institution que celle d'un Sacrement. Dieu, qui s'y tient si près de vous, vous comblera de ses assistances. Elles seront là, si vous le voulez bien, sous le nom de grâces divines, pour tout surnaturaliser, tout sanctifier. Elles atteindront tout cet être physique et moral dont vous vous faites aujourd'hui la mutuelle donation. Force, santé, années nombreuses pour qu'il vous soit donné par l'enseignement et la pratique des vertus chrétiennes de pourvoir pleinement à la grande œuvre qu'est le mariage, ces grâces vous assureront, je l'espère, tous ces biens divers. Elles iront à cette progéniture, saine, vigoureuse multipliée — « *multiplicamini* [1]» — que la sainte Eglise vous souhaite de voir jusqu'à la ''troisième et quatrième génération ''[2]. Et surtout elles auront établi une inaltérable harmonie entre vos cœurs, guidés qu'ils seront par le sentiment religieux, dominés par une raison toute illuminée de foi et d'espérance. Par cette grâce, vous serez livrés l'un à l'autre jusqu'aux sacrifices, s'il devait vous en être demandé, dans une pleine assurance de ce dévouement mutuel, qui vous rendra fidèles à toutes vos obligations.

Oh! ces mots : obligations, devoirs, pas n'est à craindre de les prononcer devant vous. En soi la chose est austère. Mais, vous n'en êtes pas à ignorer la vigueur, alerte et vive, cette force morale d'où toute joie, toute douceur découle : toutes choses que procure l'accomplissement du devoir, si dure que soit la loi qui le prescrit : *« de forti egressa est dulcedo.*[3] *»*

Eh bien! oui, vous aurez vos devoirs, ma chère enfant. Ce mot *« matrimonium »* que nous traduisons

---

(1) Gen. I. 22.
(2) Missel romain — Messe de mariage.
(3) Juges XIV, 14.

par mariage, signifie dans son étymologie « *matris munium* » l'office de la mère. Donc une tâche, une œuvre et partant des devoirs vous incomberont. DIEU, votre mari, vos enfants, à des titres divers, solliciteront votre piété, votre cœur, vos dévouements.

« *O douce Providence, ô mère de famille !* »
a dit un poëte [1]. Mais la Providence est Dieu même. Destinée à Le faire présider en votre personne à ce foyer où vous trônerez, quelle ne devra pas être envers Lui votre dépendance, votre fidélité !

Vous ne l'ignorez pas, le Christ est l'Epoux divin de son Eglise. Il veut par elle engendrer des âmes à la vraie vie de notre immortalité bienheureuse. L'épouse et l'époux humains, le mariage chrétien qui les lie l'un à l'autre, tel est le moyen dont se sert JÉSUS-CHRIST. Ils transmettent l'être et la vie, c'est vrai ; mais ce n'est là que l'élément matériel, à animer du levain de l'esprit, de celui de la grâce surtout. Il faut dit le poëte : [2]

« *Avec ce souffle de vie*

« *Prêtée un jour et ravie,*

« *Former un être divin.*

---

[1] Lamartine.
[2] V. Hugo. (Légende des siècles).

La grâce de Dieu doit donc apparaître, se répandre, aussitôt s'accroître et abonder.

A la mère surtout de se tourner avec plus de tendresse encore vers le fruit de ses entrailles et de s'écrier avec Saint PAUL : « O cher petit enfant, que je porte « dans mon sein pour t'engendrer de nouveau jusqu'à « ce que le Christ soit formé en toi ! »[1] Former le Christ, c'est faire le chrétien ; c'est contribuer à cette œuvre que JÉSUS-CHRIST, ici-bas, poursuit par son Église ; et c'est à la mère principalement que le soin de cette génération spirituelle est confié. Voilà le grand devoir qui, l'assimilant à DIEU, devient le principe de toutes ces relations plus étroites qu'elle contracte avec Lui par le mariage chrétien. Donc quelle foi ! quelle religion ! quelle piété !

*
* *

L'époux est aussi pour la femme un centre autour duquel elle doit graviter : et cela comme les astres du firmament, dans une souple, harmonique et suave dépendance. Un principe duquel l'épouse a à faire découler

---

(1) Galat. IV, 19

tout ce qu'elle doit d'amour, de fidélité, de soumission à son mari, c'est celui que Saint PAUL énonce en une maxime d'une nette mais rude concision peut-être. « L'homme, dit-il, n'a pas été créé pour la femme, mais la femme pour l'homme ». « *Non est creatus vir propter mulierem sed mulier propter virum* (1) » Tyrannie, serait-on tenté de s'écrier avec tous les siècles païens, si le Christianisme, s'inclinant devant Marie, la Vierge, fille de Sion, la femme incomparable, n'était venu interpréter ce vieil adage, mal compris, et faire de cette subordination, une dépendance convoitée et ennoblie par l'amour.

La femme obéira. Oui, car elle a un chef, une tête comme dit l'Ecriture ; et cette tête c'est l'homme. « *Caput autem milieris vir* (2) ». Mais obéir à son mari est-ce descendre de ce trône que l'Église nous montre dressé pour l'épouse au foyer conjugal ? Nullement. Ecoutons Saint PAUL. « L'homme, dit-il, est la tête de « la femme, c'est vrai ; mais le Christ est la tête de « l'homme et DIEU la tête du Christ » (3). Combien dès

---

(1) I Cor. XI, 9.
(2) I Cor. XI, 3.
(3) I Cor. XI. 3. et I Cor. III, 23.

lors cette obéissance élève et grandit, dans la mesure même de la foi dont la pensée l'inspire! Et en effet, c'est à Dieu ici, et partout et toujours du reste, que cette obéissance doit se référer. Or obéir à Dieu, c'est régner. « *Cui servire regnare est* (1) ».

Vous obéirez, mon enfant, surtout vous aimerez. C'est d'Adam, de la région de son cœur, que le corps de la première femme a été tiré. Pourquoi ? n'est ce pas pour marquer que l'épouse doit toujours se tenir aux abords du cœur de son mari, y être aux écoutes, reconnaître ce qui le fait battre, les émotions de tristesse ou d'anxiété que lui donne parfois le sentiment de ses responsabilités; comme aussi ces impressions de bonheur dont le fait tressaillir le charme toujours élevé et pur, dont Dieu l'a ornée pour lui, ainsi que cette beauté de Judith, dont il rehaussait l'éclat : « *Cui dominus contulit splendorem.* (2) » Aussi, en toutes ces circonstances si diverses de la vie aimante que doit rester la sienne,

---

(1) Liturgie.
(1) Judih X. 4

s'associant à son mari dans toutes les phases de son existence, à ses peines, à ses joies, à ses espérances, à ses désillusions, à ses travaux, à ses luttes, à ses soucis parfois si amers dans ce perpétuel combat de la vie, au sein de cette milice où l'homme est enrôlé forcément ici-bas, elle, la femme forte, constante dans sa tendresse, elle adressera à ce fier et généreux compagnon de ses voies terrestres, ces paroles que l'épouse idéale s'entendait dire par son bien-aimé du Cantique des Cantiques : « prends-moi, marque moi sur ton cœur, marque-moi « sur ton bras et cela pour toujours parce que mon « amour est fort comme la mort [1].» Expression magnifique de l'amour, qui, après avoir sacré les âmes données à Dieu, va consacrer l'union des époux se donnant l'un à l'autre, sous le regard de celui qui lui-même est amour : « *Deus Charitas est* [2] ».

*
* *

Et vous, Monsieur, quel contingent de qualités et de vertus fournirez-vous en retour ? Je vous sais de nobles actes de loyauté et d'énergie. Délicatesse, bonté,

---

(1) Cant. VIII; 6.
(2) JeanI. V, 8.

grandeur d'âme, oubli de vous-même, sacrifice pour le bonheur de ceux que vous aimez, vous êtes aussi, sans doute, à ces titres divers, tout prédestiné à rendre une femme heureuse. Mais vous ne vous contenterez pas assurément de ces dons de nature. Assis à votre foyer auprès d'une épouse vertueuse, vous envisagerez, au point de vue élevé de la foi chrétienne, cette union vous assimilant si bien l'un à l'autre, ses liens indissolubles, ses impérieux devoirs.

Et vous aussi, Monsieur, vous aimerez, vous le ferez comme nécessairement, car nous dit Saint PAUL : « personne ne hait sa propre chair ; chacun la nourrit au contraire, et la réchauffe [1] » Or, selon l'expression inspirée de la Genèse, « ne serez-vous pas, votre épouse et vous, deux dans une même chair ? *« Erunt duo in « carne unâ.* [2] » Ou encore, selon le mot de l'Evangile : « *Jam non sunt duo, sed una caro ;* [3] » déja il n'y a plus deux corps, mais un seul.

Ainsi vous aimerez, mais votre union à vous deux

---

(1) Eph. V. 29.
(2) Gen. II, 24.
(3) Math. XIX. 6.

est d'après le modèle de l'union du CHRIST avec son Église. De sorte que comme le CHRIST a aimé l'Église ainsi, Monsieur, vous devrez aimer votre épouse. Ces mains paternelles qui vous la remettent aujourd'hui après l'avoir enveloppée de tant de tendresse et de sollicitude, ne se retireront que sur cette garantie consentie par vous. Vous aurez soin de sa beauté morale ; car le CHRIST ne veut ni ride, ni tache au front de son Église. Vous vous feriez le sauveur de sa vie, fallut-il sacrifier la vôtre ; car le CHRIST est mort pour sauver le corps de cette mystique épouse. Et d'ailleurs, c'est en cela, a dit N.-S., que se marque le suprême amour.

Puisque votre épouse doit être obéissante, c'est que vous aurez à commander. Quel sera le caractère de cette autorité dont vous serez investi dans la famille ? Il est dit de l'épouse qu'elle doit craindre son mari : « *Uxor timeat virum suum* [1] ». Aurez-vous, Monsieur, une autorité engendrant la crainte ? Il ne le faut pas. La crainte éloigne, elle divise. Et le mariage au contraire est pour rapprocher et unir. Donc votre autorité devra se faire aimer, par la haute sagesse qui en

---

[1] Eph. V, 33.

inspirera les résolutions, par la douceur de ses procédés et des formes.

Mais d'où viendra tout celà ? Vous le savez, le cœur doit s'associer à la raison pour compléter et pleinement assagir celle-ci. Si dans la famille, l'homme est la raison, la femme, elle, c'est le cœur. Son rôle est tout tracé : elle sera la sage et prudente conseillère du foyer. Peut-être vous arrivera-t-il de ne pas toujours la comprendre ; car, le cœur a des raisons que la raison ne comprend pas, a dit le grand PASCAL. Fiez-vous cependant à son sens délicat, à cette prudence affinée dont la maternité l'investit au sein de la ruche familiale. Assurez-vous seulement cette crainte qui n'ira qu'à appréhender la peine de vous contrister en vous désobéissant, à vous toujours sage, juste et bon.

Après vous avoir présenté vos mutuelles obligations, comme pour mieux vous assortir l'un à l'autre, ne dois-je pas indiquer sommairement ce que j'appellerai « l'assortiment » de vos deux familles? Vous êtes l'un et l'autre de noble et vieille race. Mais ce qui me paraît donner à vos origines une consécration encore plus haute, c'est cet élan chevaleresque attachant aux causes les plus sacrées vos lointains ancêtres. Patrie, Religion, voilà ce qui inspire leur dévouement et soutient leur fidélité.

L'un des premiers de votre Maison, Monsieur, GUY DE RIENCOURT, accompagne en 1066 le duc GUILLAUME de Normandie à la conquête de l'Angleterre. Il y acquiert des fiefs.

Mais les vôtres ont mieux à faire qu'à se créer des baronies d'Outre-Manche. Un souffle puissant de foi chrétienne se lève bientôt en France et passe sur toute l'Europe. C'est la Terre Sainte, c'est le Tombeau du Christ à arracher, vaillamment et à grands coups d'épée, à la barbarie musulmane. Comment les RIENCOURT ne seraient-ils pas de ces héroïques chevauchées contre les Turcs ? Aussi nous voyons un RAOUL DE RIENCOURT dont le nom et les armes figurent à Versailles dans la Salle des Croisades.

Ces souvenirs, pour haut qu'ils remontent et comme posés à l'origine d'une race, sont assurément un gage de bénédictions pour toute une descendance. J'en vois une très spéciale ici, puisque parmi tant et de si brillantes alliances, vous en formez une, qui, déjà nouée dans le passé, semble renouveler en vous le lien de vos communs ancêtres.

Je puis appliquer également à vous, ma chère enfant ce que je viens de dire. Cette consécration ancestrale de la race par la participation aux Croisades a aussi marqué la vôtre, se perpétuant et s'étendant jusqu'à vous. Cependant — et vous me pardonnerez de me restreindre à ce point de vue particulier — non seulement votre attachement aux grandes causes religieuses procède de cette source qu'ouvrit pour vous le dévouement chevaleresque des Croisés, vos aïeux, mais il s'inspire aussi des exemples de hautes vertus de celles des vôtres, qui, consacrées tout entières à Dieu, vous couvrent de leurs pieuses influences.

Les voix du passé qui vous parlent toutes de grandes charges noblement portées, de fidélité, de sacrifice aux plus belles et plus justes causes s'unissent donc à celles du présent, certes bien éloquentes à votre cœur, pour affermir en vous tant de sentiments si purs et si élevés. N'est-ce pas là un précieux héritage, et ne serez-vous pas jalouse, l'ayant reçu vous-même, de le transmettre aux générations qui sortiront de vous !

Ah ! les souvenirs de famille, les vieilles traditions étudiées dans le dépouillement des poudreuses archives : comme tout cela captive ! Il sort de là souvent un parfum exquis, à donner je ne sais quel enivrement, si on ne le respirait qu'avec discrétion et modestie. Mais il importe aussi d'en garder l'arôme caractéristique et fortifiant.

> « . . . . *servet odorem*
> *Testa diu* . . . . »

a dit un poëte latin. [1]

C'est donc dans l'intimité du foyer que ces souvenirs, ces traditions doivent être livrées à l'enfant, par l'éducation. Nous venons de voir qu'il y a droit, comme à un héritage. J'ajoute que, de ces portraits d'aïeux fidèlement retracés, se détacheront les traits essentiels, pour former à leur image et ressemblance ceux qui continueront leur lignée.

Vous aurez l'un et l'autre, vous surtout ma chère enfant, don de nature pour cet office. Mais c'est là aussi un ministère, une sorte de sacerdoce dont l'investiture requiert les grâces de Dieu par les bénédictions de

---

Horace. (1)

l'Église. Elle vous les prodigue dans cet auguste sacrement de Mariage.

*
* *

Que vous faut-il encore ?

Voici que de nouvelles largesses vous viennent de Rome même.[1] Le grand et noble vieillard du Vatican daigne porter ses yeux sur vous deux. Il voit en vous des rejetons de cette vieille race française des « *Gesta Dei per Francos* », celle qui lui fait de la vraie France, de ses traditions chevaleresques et chrétiennes, de son attachement à l'Eglise, filial et dévoué quand même, le pays de son cœur. Et lui, qui d'un verbe prophétique vient de saluer son retour tant espéré à ses glorieuses et pures destinées, il vous regarde et vous bénit, vous rattachant ainsi d'une façon plus étroite, vous et votre descendance, à cette régénération de notre chère Patrie.

Ouvrez donc vos cœurs à cette suprême bénédiction et venez, sous son onction pénétrante et ses

---

(1) Voici la dépêche venue de ROME et adressée à MGR DE COURMONT, 30, Rue Lhomond, PARIS.

Rome, 13 Janvier.

SAINT-PÈRE, avec meilleurs vœux, envoie futurs époux,
Raoul DE RIENCOURT et Anne DU PLESSIS, Bénédiction Apostolique.

Card. MERRY DEL VAL

efficacités souveraines, vous jurer fidélité l'un à l'autre
au pied de cet autel. Vous marquerez ainsi d'un sceau
sacré votre indissoluble union. Et cette grande œuvre
de vie, dont est l'artisan la famille chrétienne, toutes
les espérances qu'elle porte en son sein, votre foi
religieuse et votre piété en assureront les belles et
saines réalisations.

NOUVIAN, 96, BAC, PARIS